po yen chang

pictograma

el origen de la escritura china

po yen chang

鳥

pictograma

el origen de la escritura china

 thule

el mito de
cang jie

xià . verano

en un tiempo muy remoto

y en un lugar muy lejano,

cuando la escritura no existía,

hubo una guerra

entre los ejércitos

del emperador Amarillo

y sus enemigos bárbaros.

ambos bandos estaban

igualados en fuerzas.

morían muchos soldados en batallas

que parecían interminables.

la gente estaba

cansada de la guerra.

en aquellos tiempos no había escritura

por lo que no existían documentos,

ni registros, ni historias escritas

para relatar lo sucedido.

las personas almacenaban

los datos en los nudos

de las cuerdas.

también tallaban líneas

sobre tablas de madera.

todos estos objetos

se transportaban en carros.

Pero en aquellos tiempos

de guerra y viajes repentinos,

los vehículos con ruedas

se perdían por el camino.

qiū . otoño

Un día el emperador amarillo

llamó a Cang jie,

su inteligente y sabio consejero,

para discutir un cambio de estrategia.

Ordenó:

— ya no podemos continuar

con esta situación.

enséñeme su plan de ataque.

Cang jie no encontraba

los datos de la batalla.

buscó en los campamentos

por los que

había pasado recientemente,

tratando de encontrar fragmentos

de esta crucial información.

Cang jie no encontraba ni las cuerdas,

ni las tablas de madera.

Cang jie tuvo que

enfrentarse al emperador:

— ¡tenemos demasiada

información que almacenar

y el sistema ya no da abasto!

debemos encontrar

otra manera de registrar

y archivar los sucesos

que no requiera tanto peso y espacio.

necesitamos tener los datos al alcance

de nuestras manos.

el emperador amarillo vio

que el método que utilizaban

ya no respondía a las necesidades

de un gran imperio.

Ordenó a Cang jie que inventara

un sistema más adecuado.

—«¡ Qué tarea más difícil !

—pensó Cang jie —.

¿ qué sistema podría

inventar yo ahora ? »

dōng . invierno

Pensó mucho tiempo.

nada se le ocurría,

ninguna idea le deslumbraba,

meditaba noche y día.

y así llegó el invierno.

Una mañana Cang jie,

agotado de pensar,

fue a dar un paseo.

en el campo,

vio unos pájaros andando

y picoteando los cereales

que estaban a su alrededor.

dejaban huellas

en el suelo.

Siguió su camino y vio

cómo los ciervos salían del bosque,

dejando sus pisadas marcadas

en el terreno.

Cang jie observó fijamente

esas huellas,

las de los pájaros y los ciervos.

Y notó que eran diferentes,

que cada una

tenía sus particularidades

y que por lo tanto

eso ayudaba a distinguir

a quién o qué pertenecían.

chūn . primavera

a partir de entonces, Cang jie se concentró

en observar las cosas :

el sol, la luna, las montañas, los ríos,

los animales . . .

Para dibujar, reproducir y sintetizar

cada imagen

según sus características.

así fue creando

caracteres pictográficos

día tras día ,

hasta acumular suficientes

para que el emperador amarillo

pudiera difundirlos

a toda la población.

desde entonces

las historias podían empezar a ser

no solamente contadas,

sino también escritas y leídas.

transmitidas de

generación en generación.

los

pictogramas

gōng . arco

 . boca

niú . buey

mǎ . caballo

yáng . cabra

zŏu . caminar

chǐ . diente

xiàng . elefante

yuè . luna

 mù . madera

shān . montaña

ěr . oreja

gōng • palacio

 rén . persona

mén . puerta

chuān . río

川

shé . serpiente

rì . sol

guī . tortuga

el cuento
no termina
aquí

Sigue el ejemplo de Cang jie.

toma un lápiz ...

Mira el mundo que te rodea.

Observa, reflexiona y sintetiza.

gracias a:

Santi, que es más exigente con mi trabajo que yo mismo.

danaíta, por tragar todas mis bobadas e insultos.

la rusita, por los buenos momentos en la cocina y

las conversaciones más racionales.

Patico, por tu buena voluntad y excelente compañía.

Santuquito, por tu Sinceridad y las buenas referencias bibliográficas.

bea, por tu amor tan inmenso y tan positivo.

Y a vosotros...

Pictograma

Primera edición: marzo de 2011

© 2011 Po Yen Chang (texto e ilustraciones)
     Danae Díaz ha colaborado
     en la ilustración de las páginas 14-15
© 2011 Thule Ediciones, SL
     Alcalá de Guadaíra 26, bajos
     08020 Barcelona

Director de colección: José Díaz
Maquetación: Jennifer Carná

EAN: 978-84-92595-85-3
D. L.: B-7302-2011

Impreso en Gráficas 94, Sant Quirze del Vallès

www.thuleediciones.com